이재운 시집

아득 속에서 피묻은 발이다는 말

시인의 말

맛은 추억으로 이어지고
기억되는 모든 맛은

모어母語에서 나왔다

2023년
이태관

차 례

● 시인의 말

제1부

연근조림 ——— 10

순간 ——— 12

아욱국 ——— 14

고등어조림 ——— 16

땡초전 ——— 18

양꼬치 ——— 20

골뱅이무침 ——— 22

순두부 ——— 24

취하 ——— 26

오징어볶음 ——— 28

아귀찜 ——— 30

청국장 ——— 32

굴국 ——— 34

동태찌개 ——— 36

김치찌개 ——— 38

깻잎전 ——— 40

제2부

어둠 속에서 라면을 끓이는 법 ——— 42

매콤한 음식을 먹는 법 ——— 44

삼시세끼 ——— 46

주말 브런치 ——— 49

미혼모를 위한 제언 ——— 50

빈집에서의 하룻밤 ——— 52

목숨 걸고 차린 생일상 ——— 54

비빔밥 1 ——— 55

꽁보리밥 ——— 56

고양이와 개, 그리고 늑대의 시간 ——— 58

퓨전 음식점 ——— 60

25시의 그녀 ——— 62

주말 부부 ——— 64

숨긴 것들 혹은, 슬쩍 던져두었던 것들 ——— 66

제3부

수제비 ——— 70

비빔밥 2 ——— 72

닭똥집 ——— 74

코다리찜 ——— 75

잔치국수 ——— 76

홀로 제사상 차리기 ——— 78

아침밥 ——— 80

감자 짜글이 ——— 82

닭볶음탕 ——— 84

동태탕 ——— 86

겸상 ——— 87

슬픔은 어디에서 오는가 ——— 88

오골계 백숙 ——— 90

가자미 ——— 91

맛을 두들기다 ——— 92

하지감자 ——— 94

이런, 된장 ——— 96

호박풀때 ——— 98

돈키호기 ——— 100

■ 이태원의 시세계 | 진단설 ——— 102

연근조림

바람을 꿈꾼다는 것이
세상을 떠도는 일만이 아니라는 것을 알겠다

자꾸 잊는다는 게
기억에 구멍이 뚫린 거라면

날리는 눈발 사이로 드러나는 여백이
슴슴한 기억을 깨우는 그런 거라면

허공을 가르는 새처럼 날다
중력을 이기지 못해 떨어지는 공처럼
한 생이 저무는 거라면

숭숭 뚫린 속이 얼마나 허하겠니

무언가를 자주 놓치는 아내가
서둘러 조려낸 연근조림

저 구멍을 어찌 메우나

먼 길을 떠돌았어도
연은 이어져

밤이 새도록
불은 꺼지지 않았다

순간

그대가 내게 한 아름의
사랑이란 이름의 꽃을 던져 주었을 때
난 들길을 걷고 있었네

그래, 짧지 않은 삶에
간장 고추장 이런 된장까지 다 버무려
한 끼의 식사
한 잔의 커피

하룻밤은 언제나 누추한
순간이란 걸 알고 있지만

지금이 아니면 언제
만남은 허점투성이의 약속일 뿐인데

꽃이 터져 오르는 순간

난 그대에게

눈길만 주었을 뿐이네

바람은 불어가더군
꽃은 지더군

지는 꽃들이 거름 된다는 걸
훗날, 알게 되었네

아욱국

중력을 이길 수 없었던 그녀가
추레한 모습으로 익숙한 듯
골목길로 들어선다

새로울 것 하나 없던 그곳이
그녀가 몰고 온 바람에 잠시
흔들리는 사이

아이 울음이 없다
개 짖는 소리만 요란한 그곳에
숭숭 뚫린 구멍들 사이로
바람이 불고
노을이 스미고 있었다

사립문 닫고 먹는다는 아욱국
잊고 지내 온
그 내음이
그녀의 발길을 돌려 세웠나

가로등 깜박이는 사이
개 짖는 소리도 멈춘 그곳에
밤새워 두런거리는 소리
토닥이는 소리

그래서 초라하지 않을 한 생을
감싸 안고 있었다

고등어조림

겨울이 완성되기 위해선
실한 무가 필요하지

떨어져 내리는 상수리야
어디서든 멈춰 서겠지만
홍시가 바닥을 치는 날에 가을무와 함께하는
고등어조림

추운 겨울을 견뎌 온
황태 육수가 제격이긴 하지만
없으면 어때
그대와의 만남도 부족함뿐이었잖아

바닥을 지키는 건 단단한 무
익으면 살캉거려
비린내 나는 저녁이 한없이 행복했다

매콤한 시절을 견뎌 온 탓인지

고추장과 고춧가루, 매운 땡초와 함께

가을을 맞는다

견딘다는 건 힘에 겹지만

그대와 함께라서

눈물 쏟을 수 있는 그런

저녁이라서

땡초전

그런 적이 있다

머리가 가려워진다는 건
흰머리가 늘어간다는 것
햇살이 제 몫을 다하고
익어가는 나락이 아이들 머리통처럼 단단해지는
그런 시절을 지나

붉은 고추가
아스팔트 위에서 제 몸을 달구는 시절에도
잠자리
하늘을 날았지

어디였을까
남녘 끝머리쯤
매운 걸 싫어하는 내게 그녀는
땡초전을 시켜주었지

부침개 위에는 고추만 보였다

후후, 불며

그렇게

하루가 지났다

그런 석이 있었지

봄날, 심어놓은 고추가 땡초가 되는 사이

마음에 실금 하나 그어지던

양꼬치

바람 냄새가 난다
말갈기 스치던
초원을 낮은 음표로 내달리던
말굽 소리
이럴 땐 마유주가 제격이지만

구들장 한구석이 무너져 내렸는지
매운 연기 쏟아내던 아궁이
그 앞에서
눈물 훔치던 엄니의 한숨처럼

떨어져 내린 기름방울이
숯에 닿는 순간
파삭
연기처럼 피어오르는 기억에
잔잔히 흩어지는 그 추억에
한 잔

어디서 왔니
씨앗이라지
끝내 싹 틔우지 못할 쯔란에
양꼬치 한 점
뜬금없이 아우 훈이가 생각나는
그린 지녁

바람이 바람을 몰고 오고
매운 연기 눈 앞을 가리고
엄니의 해진 옷자락이 생각나는
그런 저녁

골뱅이무침

꼬리 흔드는 그런 삶을 살고 싶지 않았지만
슬픔에 우는 여우
바람이 불잖아 문을 닫아걸어도
달그락, 흔들리잖아

나무가 흔들리고 풀이 바람에 눕고 언제라도
태풍은 찾아오는 걸

여우의 울음소리가 들려오면
잠을 이루지 못해
그녀가 곁에 있어 준다면 조금은
따뜻해질까

이런 날은 언제나 밤참이 진리
아침을 걱정하는 건 사치일 뿐

자투리 채소에 골뱅이 캔을 딴다
고추장과 고춧가루 식초와 참기름 듬뿍

고소하게 때론 매콤새콤하게

슬픔에 우는 여우
시들어가는 내 장미에게
물을 주어야 해

소면을 삶던 아내의 그 아릿함이
세상을 흔드는 저녁

순두부

형이 먼저 세상 밖으로 팅겨 나갔다
마른 꼬투리에서 콩 팅겨져 오르듯
머뭇머뭇 뒤따른 내게 세상은
밝음만을 보여주지 않았다

복사꽃 피고
벌 나비 하늘을 날던 시절
나는 형을 만나 다행이라고 생각했지만
다시 또 구름은 몰려왔다

빗방울에 얼비치는 햇살이라도 담아보고 싶었지만
시간에는 눈물조차 보이지 않았다

가마솥에서는
몽글몽글 구름이 피어올랐다
장작에 불 지피며
이누무 연기, 이 썩을 놈의 연기

어찌 아셨는지
서리 내린 아침
묵은지와 함께 내어놓은 순두부 한 사발

엄마는 무당이었다

취하
―이월춘 형님

쑥국쑥국 쑥국새 울면
장돌뱅이 십 년 만에 바다로 떠나간
진종일 파도만 바라다보며 산다는
그대 생각이 나네

취하, 껍질을 벗기면
그대가 생각나네 목젖까지 아릿하게
생목 차오르네

튀는 놈들에게 소주를 부어
소주와 함께 먹는다
씹히는 그 식감이 때로는 고통이었으나
그의 아픔과 함께 할 수는 없었다

취하, 취하
취하면 부르던 노래
쑥국쑥국 쑥국새 울면
그대 생각 나네

파도에 씻긴
모래가 되어 버린

오징어볶음

비는 내리고
눅눅하기도 하고
이럴 땐 화끈한 게 최고지
식감 살리기 위해 1.5센티 몸통과 다리를 자르고
파기름과 고추기름을 낸다

아이들은 돌아오지 않고
바람은 불고
올겨울도 춥겠구나
다진 마늘 한 스푼, 그녀의 입술 같은 설탕 두 스푼
간장과 고추장
약간에 허기짐을 더해 바글바글 끓이다
오징어와 야채
마무리는 참기름
그래도 막걸리는 한 잔

비는 내리고 적막도 하여
아이들 깔아 놓은 넷플릭스에서

〈오징어 게임〉을 본다
먹물처럼 어두운 하늘로
길 잃은 새가 나나

마음 먹먹하여
식은 오징어볶음에 소면 넣어
다시 또 한 잔

아귀찜

오늘은 말복
삼계탕이 적격이었으나
그녀가 좋아하는 건 추억의 한 자락

아귀 위 속에 아귀가 있다
우리는 아귀처럼 마구 집어삼키는 잡식성이 되어
몸집 키우고 삐까뻔쩍
푸른 바다로 회항하고 싶었던 것인데

세상은 그녀와 내게 이전투구의 삶을 허락했으나
어느새 묵묵히 세월을 일궈 온
아비의 길을 걷고 있었다

버려지는 것과
남겨진 것들로 숨을 이어 온 삶이
다시는 쳐다보지도 않겠다던 것들
그 내음과 비릿함이
엄마를 소환하는 저녁

콩나물에 미더덕 그리움을 함께 무쳐

그녀와 함께하는

아릿하고 매콤한 저녁 식사

청국장

돌을 던져놓아도 지나는 바람에
가만가만 흔들리는 마음이
고맙다 잘했다
그 따뜻한 한마디 말에
뺨이라도 기대어 보고 싶었던 것인데

꽃은 졌어도
한여름 뜨거운 햇살을 기억하네
따뜻한 밥 한 공기의 기억이
슬픔이 되는 시절

보내신 편지가 도착했습니다 물론, 소인이 찍힌 편지는
아니었구요 바램, 혹은 전언

어느새 훌쩍 커버린 니는
품에 안긴 적도 말씀도 없으셨지만
총각 무를 품은 청국장과 함께하던 그 순간이
프리즈 프레임*

나무가 장작이 되길 원하지 않았듯

살다 보면 꽃도 결국

거름이 됩니다

곁을 내어 준 단 하나의 이름

어머니

* 하나의 프레임을 여러 번 인화해 화면을 정지 상태처럼 보이게 하는 효과.

굴국

늦어지는 퇴근에
발 동동 굴렀을 그녀를 위해
굴국을 끓인다

추운 겨울을 나려면 뭐라도 잘 먹어야지
냉동 굴이면 어때
시간이 부족하니 찬 소금물에 담가 놓고

나박나박 무 썰고 마늘과 고추는 편을 썬다
계절을 지나온 것들에겐 결이 있다
주름이 삶의 무게를 가늠하게 하듯
그 결이 맛을 만든다

살아온 세월에
시간에 기대어 살아온 싦에
스치듯 던지는 한마디가 가슴에 꽂힐 때가 있다
그래도, 라는 말

그녀의 발소리에 맞춰 굴을 넣는다
오래 묵어야 맛을 내는 것 말고
이놈은 잠깐 익혀야 질기지 않다

시원해, 라는 말
뜨겁세 마음 울 울리는 그
한마디

동태찌개

설겅설겅 썰어 넣은 무가
들기름과 만나 한바탕 격정적인 해후를 한다
가을빛을 보지 못했어요 바람은 어땠나요
한 몸이 된다는 건 서로를 닮아가는 일

그녀는 내게 술맛을 알려 주었지
쓰디쓰다가 때론 달콤하게
어우러진다는 것은 언제나
인내를 요구한다는 것을 그땐 몰랐지만

속 쓰린 오후에 그대와 함께하는 동태찌개
떠나간 생태를 찾아 나선다는 건
지난한 일
시린 바닷속을 헤엄치다
밥상 위에 머물고 만 한 생을 생각하기에는
시린 배 속이 너무 허하였다

먹을 게 없는 머리는 언제나

아버지의 몫

저무는 저녁에
무를 치던 어머니의 모습이 보인다
모든 맛은 그 손에서 나왔다

고춧가루 탓이 아니었지
그 눈물 나게 얼큰했던

김치찌개

흐르는 것은 세월만이 아니다
들을 수도 느낄 수도 없는 것들
가슴에
얼마나 많은 것들을 쟁여 놓았는지
문을 열어 조금씩 덜어내 보는 것인데

두부를 잘라
맵짠 겨울을 견뎌 온 그녀의 품에 안긴다

첫사랑은
깊은 기다림일 수도, 한순간의
지나침일 수도 있는데

세월 지나
엄마의 손맛을 언제 다시 느낄 수 있나

추위를 견뎌야 만날 수 있지
흐르는 세월엔 삶이 보이고

울먹이는 소리가 들려
닫혔던 겨울이라는 시간을 지나

내가 나를 열어 비로소 만나는
엄마의 손맛

깻잎전

밥은 먹었니, 라는 그 물음이 속울음으로
내려앉는 저녁

남은 치킨 살을 뜯고 양파와 당근, 굴 소스 한 스푼
참기름 후추와 함께 깻잎 위에 올린다

화합이 되지 않는 녀석들
그대의 온기 담은 계란 하나
톡

그 마음이
당신을 생각나게 하는 그런 시간을 지나

프라이팬 속
함께 혀야 한다던 엄니는 어딜 가셨나

깻잎전 위에 깻잎

2장

어둠 속에서 라면을 끓이는 법

길고양이의 발자국을 따라가야 해

거실을 걸을 때도
화장실을 다녀올 때도
소리를 내어서는 안 되지, 그건
고단한 그녀의 하루를 깨우는 일이야

조용한 발걸음이
나뭇가지에 기대어 잠든 참새의 한 생을 덮쳤다

딸각, 가스 불을 켜자
스탠드에 불 들어오듯 그녀가
문을 열고 나온다

함께 먹을까
당신은 꼬불꼬불한 맛과 축 처진 맛 중에
무엇을 좋아해?

한여름에 니트를 빨듯
그녀의 얼굴에 주름이 진다

그러게,
길고양이의 발걸음을 닮으랬잖아
아니면
어둠 속에서 먹이를 찾는
생쥐의 눈동자가 되던가

매콤한 음식을 먹는 법

청소기를 돌린다 빨래를 넌다
냉장고를 연다

저 얼굴
오늘 무슨 일이 있었다는 거지
괜히 휘말릴 필요는 없다
몸 낮추는 법을 배워가는 중이니까
매콤한 게 필요해
정수리에 땀이 차게

표정이 풀어졌다
이럴 땐 먼저 질문을 던지는 거야

폭풍의 한가운데 서 있어야 할 때가 있다
오늘이 바로 그런 날
바람과 비를 온몸으로 맞는다
샤워는 안 해도 되겠어

사랑을 한다
사랑을 해야 한다
사랑했으므로 사랑이

매콤한 저녁
매콤했던 하루

삼시세끼

아침

식탁엔 침묵이 먼저
우아한 드레스는 햇살의 몫
아침을 여는 언어는
먹어, 몸에 좋다는 걸 왜 안 먹니
아니, 커피나 한잔 줘

하늘은 맑고 구름도 없다
가방을 메고 종종걸음을 친다
꼭 오리 같다
수많은 오리 떼들이 꽥꽥
먹이를 찾아 달려간다
간혹 떠밀려 벼랑을 구르는 애도 있다

점심

얼어 죽어도 아메리카노
김 부장은 정말 싫어, 영미는 어떻고

커피숍을 나서면
맨들맨들한 가로수 길
누군가 밟고 간 길
누군가 밟고 갈 길
시원한 바람도 없이 그 길을 걷다
사부작, 때 이른 낙엽을
밟고 지난다

저녁

오늘 회식은 삼겹살
살집 두툼한 사내가 살을 썰다
손가락을 베었다 하지만
좌르르 윤기 흐르는 볶음밥은 언제나
진리

잠이 안 오더라도 하는 수 없지
과식한 배를 추스르고
어둠의 커튼 한 자락을 들치며
다시 또 한잔

주말 브런치

오늘은 브런치로 해요

빵 좀 구워 줄래요

버터 녹여 아스파라거스와 갈색으로 굽고

상추 좀 따다 줘요

씻어서 물기 빼주고

계란 좀 삶아줘요

칠분에 맞춰 반숙으로 삶고, 토마토 슬라이스하고, 베이컨은 끓는 물에 살짝 데쳐주고

커피도 내려 주서야죠

물론, 드립커피겠죠? 원두 갈고, 끓는 물 잠시 식혔다가 휘리릭 뜸 들이고, 자, 커피 완성이요 근데 당신은?

저는

이팅eatlng 전문이잖아요

미혼모를 위한 제언

오늘은 무화과잼을 발라 봤어요
이에 끼는 까만 씨앗들이
담배 태우는 분들에게 좋다 하네요

흰 빵 위로 과즙이 흘러내려요
가지 잘린 나무는 더 많은 것을 내어놓는다는데
엄마 아빠도 그랬을까요
잘 치댄 반죽이 더 잘 부풀어 올라요

꼭꼭 씹어야 하죠 입가에 주름질 때까지
올겨울은 더 매울 거라는데
앙다물고 버텨야 하죠

빵 드실래요
잼을 발랐어요
당신의 이야기를 풀어보세요
나이프가 빵 위를 스치는 동안, 잠시
겁도 나겠지만

마음이 젖는 비까지 흠뻑 맞아 오셨잖아요

커피 향이 흐르면 조금은
평안해질까요
당신을 위해 오늘은
무화과잼을 발라봤어요

그냥 조용히 함께 이야기해요

빈집에서의 하룻밤

밥솥 코드가 빠져 있다
국이 남아 있을 리 없지
장마철엔 마음보다 먼저 음식이 상하죠
먼 산 바라보다 오늘은 나만을 위해 음식을 만들기로 해

내가 무엇을 좋아하지?
아내의 출장은 내일까지네
간단하게 김치전에 막걸리?
애들은 잘 지내고 있나
삼겹살 좀 끊어올까?
아니야, 집에 냄새가 배면 곤란해
냉동실을 뒤적이다 찾아낸 청국장 한 덩이

철도 없이
철 하나도 없이
밥상에 기름 냄새도 좀 풍겨야 하는 거 아뉴?
이제 와 그 말 취소하기엔 너무도
늦어버렸지만

코인 육수 한 알에 김치 송송
보글보글 끓어오르면 애호박 청양초 두부 반 모
꿉꿉하게 피어오르는 그 내음에

하릴없이
빗물은 하릴도 없이
눈물로 뚝뚝, 떨어져 내렸다

목숨 걸고 차린 생일상

신호위반 두 번, 과속으로 두 시간 십 분
마트에서 양지 반 근 끊고
미역은 물에 담그고
흰 쌀 바락바락 씻어 솥에 안치고

일찍 퇴근하시나
집이야?

그럼!
오늘이 당신 생일인데

비빔밥 1

나물은 살짝 데쳐야지 꼭 짜면 안 돼 그저
두루뭉술 은근슬쩍 조물조물 무쳐야 해
세상사가 다 그렇다는 것은 아니고

너 알지
양푼에 고봉밥
고추장 넣고 참기름 톡
쓱쓱 버무린 바로 그 맛

어우러져야 함께여야 맛난
그 밥

꽁보리밥

— 첫사랑

얼음 위를 스치며 내게
상처를 준 썰매의 날처럼

네가 떠나고
보리가 익어가던 몇 번의 계절을 지나
수염이 거뭇해질수록
어린 호박잎에 감자는 살캉거려

된장찌개는 먹어도 먹어도 배고픔이었는데

쌀밥 보리밥 쌀밥 쌀밥
마음은 언제나 쌀밥이었지만 삶은
그렇지 않았다

기억을 더듬듯 보리를 삶는디

추운 계절이 네게 가 닿지 않기를
미끄덩거리는 삶이 되지 않기를

그 후로 다시 너를 보지 못했지만
보리밥으로 살아온 삶이 그리
나쁘지만은 않았다

고양이와 개, 그리고 늑대의 시간

저녁을 건너뛴
식탁은 깨끗하다
오늘도 하루가 지났다

양떼구름을 몰고 다닌 하루가
뻐근하다
개도 지쳤다

사랑하는 꽃에게 물을 준다
피부는 상하지 않았니
어쩜, 선크림 바르랬잖아

주말인 하루는 공기도 좋아
내게 달콤한 호흡을 건네지만
아니면 어떠니
주어진 자유는 선택일 뿐

밝음을 몰아낸 평안한 저녁

나의 정체는 절대로 묻지 마라

프메이

퓨전 음식점

호화로운 저녁을 보내고 있는 중이다

밝은 조명에 쌉쌀한 음악까지
접시에 있는 고기가 얇게 썰리면
나직한 웃음이 그 뒤를 따른다

이것도 드셔보세요 좋아하시는 살치살이에요
건네는 손끝이 달달 떨린다

설겅설겅 음식을 드시던 어머니
힘들 텐디 고맙다
후식으로 나온 된장찌개를 손주와 함께 맛나게 드신다

할머니, 나는 이게 세상에서 젤 맛이 좋아
아이고, 그려 내 새끼

맛은 추억으로 이어지고

용서에게도 휴가를 달라

휴가는

25시의 그녀

날짜를 살핀다
어묵 도시락을 먹을까
조금 기다렸다가 돈가스 도시락을 먹을까
시간은 흐르고
흐름의 순간을 포착하지 못하면
밥을 넘길 수 없다

지금은, 오늘일까 내일일까
엄마는 잠에 드셨나
거미는 어떻게 집을 짓지
아래서 위로
위에서 아래로 그건
아무리 생각해도 의미 없는 것 같긴 하지만

하루를 건디고
한 끼라도 먹어야 산다는 건 또 다른 의미

무게에 무게가 더해지면

정말 견디기 힘들지도 모르지만

웃는다
진종일 허방다리를 놓은 하늘 한켠에
커튼을 친다

주말 부부

아, 힘들었어, 내게는 휴식이 필요해 달콤한 낮잠, 상큼한 청귤 주스, 자라는 아이리스에게도 인사를 전해야지

장면이 전환되고

까치가 울면 손님이 온다네 차에 똥 싸고 텃밭에 심어 놓은 과일 모두 파먹고 깍 깍 까악 깍, 신이 난 저놈의 목청 밟으며 우아한 걸음으로 당신이 온다네

책을 베고 누웠다
부르는 소리에 놀라 바라본 당신
여름이 지났나 봐
굽어가고 시드는 것들이 텃밭을 채우고 있어

안경이 필요해
당신의 매력을 놓치지 않으려면

주말엔 위험을 무릅쓰고 당신의 처진 볼과 눈가의 주름,

볼록 튀어나온 배를 꼬옥 안아줄 거야

깍 깍 까악 깍 까치가 울면

반가운 당신이 지친 걸음으로

내게 온다네

숨긴 것들 혹은, 슬쩍 던져두었던 것들

술 한잔 합니다 오랜만에요 물론 좋은 분들과 말입니다
기억해 보면 저의 반생과 함께해 왔습니다 고민을 이야기
하고 다투기도 하고 말이죠 그 재미없음의 수다가 어느덧
다섯 시간 반을 넘기고 있습니다 술잔을 집어 들다가 문득
아, 집사람에게 전화한다는 걸 잊었군요

이제는 전화벨 소리가 울리지 않아요 간혹, 낯선 이의 전
화번호가 화면 위로 스치기는 하지만 그러기에 제가 더 조
바심이 납니다 돌아가는 길은 비바람 눈보라가 몰아치기도
하지요 함께해 온 날들이 즐거우셨나요 힘에 겨우셨나요
아, 그렇다면 저는

먼 곳에서는 반가운 소식이 오지를 않고 취할수록 기다
림은 힘에 겹지요 오늘도 부뚜막에 얹힌 땔감처럼 타오를
날을 기다리렵니다 당신은 그 곁에서 곁불이라도 쬐어주
세요

잉걸불에 묻어둔 고구마의 단내가 사립문 바깥까지 멀리

퍼져 당신의 발걸음을 조금이라도 가볍게 할 수 있다면

바람이 지나고 크리스마스가 다가옵니다 오늘은 일찍 들어갈게요 곁에 곁이 있고 곁은 언제나 곁이었음을

부디 그 곁을 놓지 마시길

수제비
— 행상

신발이 벗겨지지 않아
부은 발등이 땅을 부여잡고 있다
얼마나 먼 길을 돌아왔을까
절인 생선의 무게가 잡곡으로 바뀌는 사이
머리에 인 보따리의 무게는 조금도
줄지 않았다
삶의 무게가 더해졌다

흰 발가락과 까맣게 죽은 발톱으로
어둠을 몰고 왔다
비늘처럼 발등에서 살비듬이 떨어져 나왔다
그곳에서
떨어져 나온 나는

어둠 내리고
골목길에 발소리가 분주해질 즈음이면
멸치 한 줌에
밀가루 뚝뚝 떠내어

수제비를 끓인다

걸쭉해지는 국물처럼 밤은 깊어가고

그 춥던 십이월

장터를 휘돌아 온 비린내와 함께

서둘러 끓어오르던

그 시리고 따뜻했던

비빔밥 2

폭풍우와 해일로 흉년의 주름살이 깊을 때
어린 나는 비빔밥이 먹고 싶다
졸랐다
어머니는 식은 꽁보리밥에
된장과 고추 몇 개를 달랑 내놓으셨고
그게 다였다
울컥한 나는 밖으로 뛰쳐나가
종일을 굶었다

어머니는 오래전에 떠나시고
나는 눈을 감고 누워
아직도 치우지 않은
상 위에 놓여 있는 그 밥을 천천히 먹는다

눈물과 한숨, 그리고
이승과 저승의 미처 다 못한 구구절절들이
색색의 갖은양념으로 뒤섞인

지금까지 먹이를 이걸 했는지
그동네 꽃들은 맛은 앞았다

닭똥집

먼발치에서 심장 쪼는 소릴 듣는다
톡, 톡
모래주머니엔 모래가 들어 있지
좌심방 우심실 학교 때 배운 언어들인데
엄마는 심장 판막이 얇아졌대
꼬꼬댁 꼬꼬

날이 밝으면 새들이 울지
여명이란 드라마를 한 번도 보지 못했다

인도네시아에 간 적이 있었어
브로모, 자카르타, 롬복은 닭들의 천국이더군
이놈 저놈, 또 한 놈을 합쳐
서른여덟 종류의 닭들이 길 위를 뛰어다니고 있었어

새는
아프고 숨 가쁘게 힘들었던
날개를 펴고 싶었던

천국에 들지 못한 이들의 영혼

모이처럼 닭똥집을 씹는다
태양과 흰 구름 사이로
새들이 난다

코다리찜

바람에 제 몸 널어 말리던 놈이라
장례식장과 잘 어울린다고 생각했다
물기를 말린다는 건 생 이후의 일
꾸덕꾸덕 제 몸을 던진다는 건 쉬운 일이 아니지

아버지는 산으로 가시고 난 그곳에서
눈물도 없이 너와 만났다

황태포가 제사상에 오르는 건 그만한 시간을 건너온 탓
아직은 부족한
떠나보내지 못한 추억들과 함께하는 시간

바닷물에도 절여지지 않던 몸에 간장을 들인다
짭조름하고 달착지근하게
그래야 밥반찬이든 술안주라도 될 터

불현듯 아버지가 떠올라
마음까지 젖는, 비 내리는 오후

잔치국수
―봄에게

형님, 그때 제가 다섯 그릇이나 먹었어요 결혼식이었으니까요 축하 자리였으니까요 저 가난한 대학생이었어요 잔치 잔치 열렸네 노랫말도 있잖아요

먼 길 떠나며 그래도 다음 생도 아빠가 돼 달라는 편지는 눈물이었죠 지단 부치고 육수 빼고 떠나는 딸에게 추억을 심어주었죠 당연하죠 오늘 음식은 아내에게 양보했어요

흔들리며 걸어도 등대가 있다면 언제나 돌아올 수 있겠죠 함께 켠 불빛 보며 말이죠

잔치국수도 먹구 고구마 맛탕도 먹었죠 초딩 때 홀로 시켜 먹었을 교촌 짜장과 탕수육도요 거슬러 오를 수 없는 게 시간이어도 간직할 수 있는 기억들에 감사해요 그것으로도 긴 날들을 견뎌내지 않겠어요

함께하는 시간 축복이었음을 이렇게 잔치 열린 지금이 행복임을

홀로 제사상 차리기

예초기가 돌 때마다 형광등이 깜박인다
엄마도 힘이 드시면 저렇게
며칠을 앓아누우시곤 했다

장을 보고 고기의 핏물을 뺀다
번지는 저 붉은 길들이 무엇을 보여주려 하는지
알지 못했다

고사리와 도라지 물에 담그고
(독성이 있다니까)
시금치는 씻어 놓는다
(장마가 길어진 탓에 채소 가격이 장난 아니다)
두부와 동태 포에는 소금과 후추 톡톡
(최현석 풍으로)
동그랑땡은 소고기와 돼지고기를 섞었다
(어울려야 더 맛난 것들이 있다)
산적을 재우고 꼬치를 꿴다
(무협지 주인공처럼)

이제, 하산 준비는 끝났다

창밖의 햇살은 오후를 가리키고 있다

아내는 코로나에 걸려 격리 중이고 아이들은 내려오지

못했다

지지고 볶다 보니 어느덧 서물녘

긴 장마에 엄마는 잘 지내시려나

촛불 일렁이고 향 내음 아스름한데

창밖엔 톡톡 튀는 빗소리

조르르 달려가는 빗물 소리

아침밥

먼 길 가야 하니께 먹구 가야지

안 먹어도 된다니까 나는

아녀, 큰일 하는 애가 몸 상허믄 안 되지
어둔 길 나서다 미끄러지면 또 어쩌냐
쓰린 속도 풀어야지
간밤에 울텅불텅 잠도 제대로 못 자던디

나는 괜찮어, 괜찮어 나는

저기, 꽃분홍 시절이라구 꽃들이 막 피고 그래 부렸어야
주말엔 마을서 꽃귀경 간댜
벚꽃 좋은 거 너두 알제
니 애비두 그리 좋아허드만

묵어, 괴기여
나는 괜찮여, 짐이잖여 얼른 가야 허는디 그래야 허는디

발은 젖지 않고 구두
열는 가 줄어들지 않고

감자 짜글이

추억은 사라지는 것들에 대한 확인
꽃이 피었다 지는 건 순간일 뿐이라고
퉁퉁 부은 두 눈이 말해주었다

저기쯤이 내 자리여
흐트러진 눈으로 선산 더듬으며 제 갈 곳 확인하던
건넛마을 오 씨 아재

떠난 이들이 모이는 선산에
아버지를 묻고
늦은 점심을 때우러 들린 시골 밥집에서
비계와 감자가 어우러진
고추장찌개를 만났다
울타리에 걸쳐 있던 애호박은 덤이다

나 이거 엄청 좋아하는데 마누라가 해주지를 않아

먼 길 가는 이들이 서둘러 자리를 뜨고

아빠, 왜 해님 더 오랜 안 뜰까
오늘 말까, 새들이는
새들새들 졸아오를고

닭볶음탕

여기 맛집이네

오랜만에 내려온 딸들에게
닭볶음탕을 내놓는다

우유에 재우고 끓는 물에 데쳐 늦간 사이 뭉친 핏물을 제
거하고 소주 부어 잡내를 잡는다

저릿하도록 속 쓰리던
그 새벽들은 어디로 갔나
많은 말들이 허공으로 흩어져
그 무게로 하루해가 저물고
머리 하얘지는 시간을 지나
반백의 나이가 서러운
그 시절 친구들은

어렸을 때 닭볶음탕 참 많이 먹었는데

네게
줄 수 있었던 건
한여름 태양에 그을린 고추
엄마의 미소 닮은 설탕
한 스푼

살아온 날들에서 멀어질수록
추억이라는 이름에 친숙해지는 건
그리움이 무언가 알게 되었다는 것

음식점 차려도 되겠어

집밥이란
추억을 먹는 것
지나온 한 생을
오롯이 기억하는 것

동태탕

― 수민에게

제 입맛엔 엄마가 맞아요
가끔, 아빠가 요리해 주지만
저만을 위한 것은 아니잖아요
배추 고갱이가 이렇게 행복을 주는 줄
그땐 왜 몰랐을까요

주말이 오면 입에 침이 고여요
저도 서울 여자잖아요
맛난 거 많이 먹고 다니는데요
어쩜, 이번 주말엔 이번 주말엔
생각해 보지만

길이 머네요
기다림이 눈에 밟히는 날
자판 위로 떨어져 내리는 흰 머리칼처럼
눈 내리는 그 길을 한 발 한 발 꾹꾹 누르며
집에 갈게요, 그럼

툭툭 썰어 넣은 무 육수에
동태 한 마리 푹푹 끓여주시겠어요

온 세상이 다 시원해질

겸상

마음 쓰지 않으면 아파할 일도 없다
방과 방 사이의 거리

바람이 지나면 지나는 대로 꽃은 피었다 지고
그 꽃잎들은 어디 갔을까
생각하는 즈음에

이만큼이라는 게 다행이다
내줄 수 있는 게 남아 있나 생각하는 즈음에
밥상 위로 바람은 불고 그래도
그래도 행복해, 생각하지

뭔 소리래유
아녀, 선풍기 소리여 바람은 불고

바람은 불고 꽃은 피었다 지고 그 사이가

그대와 나 사이의 거리

슬픔은 어디에서 오는가

비는 내리고
술에 젖고 마음도 젖어 먼 길 돌아왔을 때
누굴 기다리고 있나 저 환한 빛

돌아서면 불빛 꺼지고
여긴 어디지 나는 누구지 수련잎 위를 구르는 빗방울은
따가울까 감미로울까

빗물은 어디로 가나
벽을 더듬어 새앙쥐처럼 현관문을 들어서던 때

새벽에 꺼내 놓았던 김치보시기에 식은 밥 한 덩이가 번쩍,
형광등 불빛에 두 눈 치켜뜰 때

개수대에 젓가락과 수저 한 쌍이
말없이 나를 바라보고 있을 때

오골계 백숙

시골 학교의 텃세는 세다
플라타너스 잎은 푸르고
그 아래서 두 손 쥐고 대항했지만 이런,
눈에 흙을 뿌릴 줄이야
세상은 정석대로만 살아지지 않는 걸 그때
깨달았어야 했다

고생했어요
얼른 씻고 나오세요 힘든 당신을 위해 오늘은
특식을 준비했어요

전화벨은 울리지 않았고
물 말아 먹은 도시락이 털그럭 허공을 치고
잎 속의 검은 잎*
누구나 가슴 한켠에 숨기고 있을 그 기억이
지금 왜 떠오르는지

저녁에 추운 저녁에

수많은 밤을 동동거렸을 저 까만 닭발

하루해가 다 가고
아내 채근에 욕조에 발 담그던
그 시간에

* 기형도의 시.

가자미
— 눈칫밥

잘 삭힌 맛
공깃밥 세 개로도 부족하다던데 나는
눈치가 싫었다
아니, 눈치가 없었다

눈치가 있으면
그 밥에 한 생이 오롯이 담길 수도 있다던데

삭혀야 얻을 수 있는 맛
그 삶이 온전했으려나

이북이 고향이라는 할배의
온몸이 삭아 뼈만 앙상한 두 눈이
짓물렀다

한 하늘이 무너져 내리던
그 추운 겨울

맛을 두들기다

싸우고 오면 이노무 자식 뭘 잘못을 한 겨 아이고, 선상님을 어찌 봐야 하는 겨 노을은 지고 아이들 돌아간 텅 빈 골목에 땅거미 내리는 소리 난 잘못한 거 없는 거 같은디 자다 보면 그런데 자다가 보면 아이고, 그려그려 내 새끼 늦은 저녁에 꽁보리밥과 열무김치 가만가만 투닥이던 엄마의 손길이 평생을 두들겼다

하지감자

그래도 해는 지더구나

긴 하루가 허기져
하늘 향해 감자 좆을 날려 보지만
비는 오지 않고 마음은 시들어 갔다

모든 게 작아져만 가는 계절
마음 졸이고
불알만 한 감자 캐어 간장조림을 한다
그러는 사이, 그녀에게서
절교를 선언 당했다

북돋아 주어도 쨍쨍한 하루가
뿌리에 스며들 물기를 말리는 동안
해바라기도 고개 놀리지 못하는
긴 가뭄이 이어졌다

바짝 졸여야 나는 맛

온몸에 꽃 내를 듬뿍 아미이 안고

향기를 먼지 묻혔다.

이런, 된장

작은 텃밭을 서성이던 발소리에
호박잎은 말라가고
가지와 오이가 열매 맺지 못하던 시절에도
된장은 된장 맞은 시절을 지켜주었다

빈 병 속으로 바람이 들면 폭풍이 되는
툭 치면 허물어질 수도 있는 그런 계절에
어둠에 어둠을 더하는 조심스러운 저 발걸음이
이런, 된장이라고 생각해 보는 것인데

고추 두 개와 열무김치 국물과 함께 여름이 지나는 동안
전화벨은 울리지 않았고
먹이를 찾는 새들도 날아오지 않았으니
한 해를 공친 건 사실인데 그래도
노을은 아름다웠다

툭, 어깨를 치고 지나는 바람 속에서
네가 느껴지는 건

가을이 다가오고 있다는 것인데 나는
아무런 준비도 하지 못했다

경적을 울려야 하나
사이렌을 울릴까 망설이던 순간

네가 왔다
살며시 풀어놓은 거미줄에 온 신경을 당기게 하는
밀떡 두 개와 함께

호박풀떼

낡아가는 것과 삭아가는 것
천년의 사랑도 순간에 지나네
해가 짧아질수록 네게 가는 길이 마냥
섭섭하지는 않겠다

낡은 몸들이 바람을 타고 움직인다
양파를 들이고 감자를 캐고 오이와 가지를 지나
참깨는 털어도 털어도 언제나 부족했다

자라나는 호박잎이 담장을 덮고
그 잎 헤치며 어머니는 예쁜 애호박을 찾았다

가을이 오기 전에 꼭꼭 숨어라
술래에게 이긴 아이가
늙은 호박이 된다

담장에 기대 천천히 낡아가다가
눈 내리는 오후가 멈칫, 힘에 겨울 때

고불아기 못했다

아래는 아니 그 잔지에

몸을 돌아 철렁이 아나는 말

분리수거

찢어지고 꺾인 생들을 생각해 왔으나
내가 남기 위해 버린 상처들을
이해하려 하지 않았다

절을 하다 바라본 구멍 난 양말
첫 데이트 때 터져버린 바짓가랑이
그때, 나는 창피했지만 잊어야지, 라고 생각했다

열매를 버리고
바람에 잎들을 떠나보내고
마른 삭정이마저 새들의 거처를 위해 떠나보낸 그즈음에
나는 음식물 쓰레기통 앞에 서 있었다
살아온 날들이 내뿜는 악취가
허공에 떠돌았다

조기의 눈동자와 축 처진 배춧잎들이
밥알과 함께 흩어져 있었다

나뭇잎이 벌레에 먹힐 때가 있다
태풍에 휩쓸려 가지가 부러질 때도 있다
온전한 열매 맺기 위해 힘겨웠으나 때로는
떼를 써도 안 되는 일들이 많다는 것을
이제는 안다

돌아서는 등 뒤로 내 그림자가
길게 늘어지고 있었다

이태관의 시세계

원심력과 구심력의 아름다운 조화

김규성

(시인)

1

현대철학의 주요 이슈 중 하나인 '차이'에 대한 관심은 문학
에서도 주요 화두로 떠오른 지 오래다. 사물의 특징을 파악하
려면 다른 사물과의 비교를 통해 그 차이를 인식함으로써만
가능하기 때문이다. 차이의 발견은 궁극적으로 차이에 대한
상호존중의 사회 윤리를 지시한다. 이는 다양성을 전제로 하
는 민주주의의 핵심 테제이기도 하다. 차이는 사물과 사물의
사이에서 야기되고 발생하는 현상학적 형태이다. '사이'는 차

이의 모태이다. 여기에서 사이는 시간과 공간을 아우르며 사물과 존재의 구조를 매개한다. 너와 나의 사이, 그 소소한 펼침 속에서 우주는 삼라만상의 생성을 관장하는 분업적 효과를 거두며, 그 사이를 접을 때 일체적 협업체로 탈영토화한다. 그러나 탈영토화하는 순간, 다시 분업의 개별 요소로 재영토화하는 것이 그 숙명이다. 여기에서 탈영토화와 재영토화는 시공간적으로 분리될 수 없는 동시성과 연속성을 공유한다. 불교적 표현을 빌리면 불일불이, 즉 초 논리적 모순의 진원지에 해당한다.

일찍이 이를 간파한 이태관은 제2시집 『사이에서 서성이다』에서 사이의 반경과 거기에서 파생하는 차이에 주목한다. 이어서 제3시집 『나라는 타자』에서는 자아의 타자성에 주목하고, 제4시집 『숲에 세 들어 산다』에서는 나무와 숲을 주제로 그 시시각각의 변화에 집중한다. 그리고 이번 제5시집 『어둠 속에서 라면을 끓이는 법』에서는 음식을 주제로 각각의 특성과 변별점을 도출해 내는데 시에서 음식을 다룰 경우, 각각의 재료(차이)와 이를 함께 버무려 (통합) 맛을 내는 재창조 과정을 거치게 된다.

아래의 시 「아욱국」은 시간과 공간의 변화 사이에서 발생하는 차이와 이의 변증법적 통합을 주제로 하고 있다.

　　중력을 이길 수 없었던 그녀가

추레한 모습으로 익숙한 듯
골목길로 들어선다

새로울 것 하나 없던 그곳이
그녀가 몰고 온 바람에 잠시
흔들리는 사이

아이 울음이 없다
개 짖는 소리만 요란한 그곳에
숭숭 뚫린 구멍들 사이로
바람이 불고
노을이 스미고 있었다

사립문 닫고 먹는다는 아욱국
잊고 지내 온
그 내음이
그녀의 발길을 돌려 세웠나

가로등 깜박이는 사이
개 짖는 소리도 멈춘 그곳에
밤새워 두런거리는 소리
토닥이는 소리

그래서 초라하지 않을 한 생을

감싸 안고 있었다

―「아욱국」 전문

"중력을 이길 수 없었던 그녀가/ 추레한 모습으로 익숙한 듯/ 골목길로 들어선다"는 다소 음울한 타성적 분위기로 시작하는 이 시에는 '사이'라는 시어가 세 차례나 등장한다. 그런데 그 사이는 각각 제 나름의 차이를 동반하며 시의 얼개를 새롭게 맞추어 간다. 처음 등장하는 2연에서의 사이는 "그곳(공간)"과 "잠시(시간)"가 동시에 시공긴을 아우르는 형태를 취한다. 그 배경으로 "새로울 것 하나 없던 그곳이/ 그녀가 몰고 온 바람에 잠시/ 흔들리는 사이"에 시간과 공간의 정합적 구조조정이 이루어지는데 이는 시 전체를 아우르는 메신저 역할에 해당한다. 3연에서의 사이는 "숭숭 뚫린 구멍들 사이"로, 공간을 지칭하는데 "바람이 불고/ 노을이 스미"는 정황을 배경으로 한다. 5연에서의 사이는 "가로등 깜박이는 사이"로, 시간을 지칭하며 "개 짖는 소리도 멈춘 그곳에/ 밤새워 두런거리는 소리/ 토닥이는 소리"가 배경으로 작용한다.

이처럼 배경과 정황, 잠재성을 달리하며 사이를 규정하는 각각의 차이는 저마다 독자적 이미지를 선보이며 존재감을 과시한다. 하지만 궁극적으로는 "그래서 초라하지 않을 한 생을

/ 감싸 안고 있었다"는 구절이 환기시키는 것처럼 이소성대以
小成大의 본질로 통합된다. 이와 같이 분업과 협업에 비견될
차이와 통합의 상호관계는 권두시 「연근조림」에서 더욱 공고
해진다.

바람을 꿈꾼다는 것이
세상을 떠도는 일만이 아니라는 것을 알겠다

자꾸 잊는다는 게
기억에 구멍이 뚫린 거라면

날리는 눈발 사이로 드러나는 여백이
슴슴한 기억을 깨우는 그런 거라면

허공을 가르는 새처럼 날다
중력을 이기지 못해 떨어지는 공처럼
한 생이 저무는 거라면

숭숭 뚫린 속이 얼마나 허하겠니

무언가를 자주 놓치는 아내가
서둘러 조려낸 연근조림

저 구멍을 어찌 메우나

먼 길을 떠돌았어도
연은 이어져

밤이 새도록
불은 꺼지지 않았다

—「연근조림」전문

　화자는 아내가 요리한 연근조림을 앞에 놓고 그 조각에 숭숭 뚫려 있는 구멍을 주시한다. 구멍은 겉으로는 일정하게 보이지만 자세히 보면 구멍마다 크기와 모양, 밀도가 각각 다른 차이를 지닌다. 구멍과 구멍을 연결하는 사이는 각각 다른 구멍의 차이를 담보하는 공간적 장치인 셈이다. 화자는 그 구멍을 하나로 묶고 거기에 "바람을 꿈꾼다는 것이/ 세상을 떠도는 일만이 아니라는" 고차적 의미를 부여한다. 또 구멍을 "날리는 눈발 사이로 드러나는 여백"에 빗대어 날선 이미지를 빚어내기도 한다. 여기에 "허공을 가르는 새처럼 날다/ 중력을 이기지 못해 떨어지는 공처럼/ 한 생이 저무는 거라"는 상상력을 곁들여 의미망을 확장한다. "구멍"은 기억을 지우는 망각의 기제이며, 시름이나 묵은 감정을 해소하는 치유의 기제

인데 이런 이중의 복합적 기조는 이태관 시의 도처에서 발견된다.

결말부의 '연이 이어'진 것은 연근의 구멍이 메워진 것과 동일한 현상이다. 식재료인 연蓮과 인연의 연緣은 동음이의어인데 화자는 이를 동음동의어로 바꾸어 주제와 객관적상관물 간의 상호보완적 일체화를 꾀한다. 마지막 연 "밤이 새도록/ 불은 꺼지지 않았다"는 구절은 이 시를 총괄하는 방점이다. 비록 "먼 길을 떠돌았어도/ 연은 이어져" 무궁하고도 아름다운 결속을 다지게 된 것이다.

2

시는 다양한 배경과 사회 문화적 맥락, 시간과 공간의 상호작용을 통해 탄생한다. 시인들은 이 같은 외적 요인과 요소들을 공유하거나 독자적으로 향유하며 나름의 시세계를 구축한다. 시인의 유형은 '손으로 쓰는 경우', '머리로 쓰는 경우', '가슴으로 쓰는 경우', '발로 쓰는 경우'로 나눌 수 있다. 대부분의 시인은 네 가지 경우가 부분적으로 겹치거나 그 중 몇 가지 경우는 복합적으로 뒤섞이게 마련이다. 그 중 '손으로 쓰는 경우'는 손끝으로 언어를 다듬고 퍼즐을 맞추어 시를 짜깁기하는 탓에 기교와 조작, 언어유희에 능하다. 주로 모더니즘과 포스트모더니즘 성향의 시에서 볼 수 있다. '머리로 쓰는 경우'는 남다른 사유와 상상력, 직관을 시에 투여해, 의미와 가치의 연쇄적 파동을 낳는다. 시의 철학적 면모를 주도하는 정신주의 시에서 두드러진다. '가슴으로 쓰는 경우'는 정서와 정감, 감성, 희로애락의 직정적 표현에 주력한다. 서정시와 낭만주의 시의 주조를 이루며, 때로는 현실 비판과 저항 시에서 격정을 토로하기도 한다. '발로 쓰는 경우'는 현장 감각을 중시하며 경험칙과 사실 위주의 창작 태도를 추구하는 리얼리즘 성향의 시에서 돋보인다.

이태관은 손으로 쓰는 시를 생리적으로 기피한다. 반면 머리와 가슴, 발을 시의적절하게 혼용해 시를 쓴다. 그의 시는 두드러지게 드러나지 않지만 요소요소에서 암약하는 사유가 탄탄한 근골을 이룬다. 술과 낭만, 촉촉한 감성은 절제와 함축을 통해 은밀하게 다스려지며 도처에서 따뜻하고 섬세한 정감으로 표출된다. 그러면서도 직접적 경험과 그에 따른 일련의 실질적 사고를 중시하는 그의 시는 현실과 유리되지 않은 실학적 가치를 담보한다.

그의 시는 도처에 유랑자의 페이소스가 짙게 깔려 있다. 여기에서 유랑은 미지의 세계를 향한 시인의 자아 탐구적 발걸음이며 그 발자국은 정치한 사유와 감성의 지문이다. 아래의 시는 순간의 변화가 쌓여 인과적 순환의 질서를 추동하는 범신론적 우주관이 바탕을 이루고 있다. 그런데 그 정서는 담담하면서도 소슬하다. 유랑의 기질과 정착에의 관성이 내면 깊

숙이에서 드러나지 않게 길항하기 때문이다.

그대가 내게 한 아름의
사랑이란 이름의 꽃을 던져 주었을 때
난 들길을 걷고 있었네

그래, 짧지 않은 삶에
간장 고추장 이런 된장까지 다 버무려
한 끼의 식사
한 잔의 커피

하룻밤은 언제나 누추한
순간이란 걸 알고 있지만

지금이 아니면 언제
만남은 허점투성이의 약속일 뿐인데

꽃이 터져 오르는 순간

난 그대에게
눈길만 주었을 뿐이네

바람은 불어가더군

꽃은 지더군

지는 꽃들이 거름 된다는 걸

훗날, 알게 되었네

—「순간」 전문

　꽃의 일생으로 볼 때 "꽃이 터져 오르는 순간"과 "지는 꽃"의 사이에는 극과 극의 차이가 있다. 생성과 소멸의 양극을 표상하기 때문이다. 그러나 화자는 그 사이를 이질적 단면으로 보지 않고 동질적 인과의 과정으로 해석한다. 요컨대 "지는 꽃들이 거름 된다는" 순환의 법칙이 그 결론이다. 이는 "들길을 걷고", "하룻밤은 언제나 누추한/ 순간이란 걸 알고 있"을 만큼 "바람은 불"고 "꽃은 지"는 현장을 발로 뛰며 손수 목격한 경험칙의 소산이다. 또 사유(머리)와 감성(가슴)의 격의 없는 조화다.

　이태관의 이번 시집『어둠 속에서 라면을 끓이는 법』에는 유난히 여자를 주체 혹은 대상으로 하는 시들이 많다. 아래의 시「아귀찜」에서도 실질적 주체는 "그녀"다. 이는 아내를 삼인칭화해 실제적 구심력에 대한 각별한 천착을 되새기고, 나아가 실존적 자아를 견실하게 강화하려는 자기 배려의 일환이기도 하다.

오늘은 말복

삼계탕이 적격이었으나

그녀가 좋아하는 건 추억의 한 자락

아귀 위 속에 아귀가 있다

우리는 아귀처럼 마구 집어삼키는 잡식성이 되어

몸집 키우고 삐까뻔쩍

푸른 바다로 회항하고 싶었던 것인데

세상은 그녀와 내게 이전투구의 삶을 허락했으나

어느새 묵묵히 세월을 일궈 온

아비의 길을 걷고 있었다

버려지는 것과

남겨진 것들로 숨을 이어 온 삶이

다시는 쳐다보지도 않겠다던 것들

그 내음과 비릿함이

엄마를 소환하는 저녁

콩나물에 미더덕 그리움을 함께 무쳐

그녀와 함께하는

아릿하고 매콤한 저녁 식사

―「아귀찜」 전문

"오늘은 말복/ 삼계탕이 적격이었으나" "그녀가 좋아하는
건 추억 한 자락"인 아내의 특권에 따라 아귀찜으로 메뉴가 바
뀐다. 가정의 질서는 타협의 산물이고 이를 위해서는 아내 중
심의 양보가 대세다. 이와 같은 상황을 일러 화자는 "세상은
그녀와 내게 이전투구의 삶을 허락했으나/ 어느새 묵묵히 세
월을 일궈 온/ 아비의 길을 걷고 있었다"고 술회한다. 아내에
게 들려줄 수 있는 둘만의 신실한 추억은 곧 아내의 의사와 인
격을 존중해 주는, 그리고 그것이 일상의 언어로 내재화한 관
습의 단면을 표상한다. 따라서 "버려지는 것과/ 남겨진 것들
로 숨을 이어 온 삶이" 지시하는 내재율은 그동안 지난한 여정
을 함께 일구어 온 아내의 노고에 대한 미안함과 감사, 자책이
주류를 이룬다. 그러기에 "콩나물에 미더덕 그리움을 함께 무
쳐/ 그녀와 함께하는/ 아릿하고 매콤한 저녁 식사"는 추억을
확대재생산하는 남다른 의미와 가치를 지닌다. 한편 독자들은
오랜 방랑과 고독의 도정에서 오롯이 귀환한 자만이 발휘할
수 있는 '현실 긍정'의 진수를 음미하게 된다.

3

동양의 시인들은 유난히 술을 즐겼다. 시인하면 술이 떠오

를 정도로 술을 벗하며 취중진담처럼 시를 읊었다. 그 중 이백
(月下獨酌)과 두보(曲江對酒), 백거이(對酒), 도연명(飮酒), 소동
파(薄薄酒) 등의 시에서는 거리낌 없이 술이 등장한다. 조선의
대표적 시인 정철(將進酒辭)만 해도 두주불사였다. 시인들은
취흥을 북돋아 시의 맛을 더하고 독자들은 감흥을 통해 시의
진수를 음미하는 주객 간 공감의 통로로 술이 애용되었다.

  그러나 한국의 현대시 중 술을 주제로 한 대표시나 절창은
찾기 어렵다. 시인과 독자 간의 원활한 소통기제 중 하나를 잃
고 만 것이다. 그렇다고 술을 배제할 정도로 시가 경화되거나
엄격해진 것도 아니다. 시에서 낭만의 실종과 술의 실종이 그
궤적을 같이 한 사실이 아쉬울 따름이다. 정약용은 술을 마시
는 민족은 망하고 차를 마시는 민족은 흥한다고 한 바 있지만,
그 역시 자식들에게 금주보다는 절주를 통한 주법을 일러주었
다. 술을 끊는 것은 사회적 교류와, 건조한 일상의 목을 축이
는 최소한의 낭만조차 제약한다는 사실을 잘 알고 있기 때문
이었다.

  이태관에게 술은 시와 더불어 오랫동안 동고동락해온 기호
의 두 축을 이룬다. 다만 그는 술 중에서도 막걸리를 즐겨 마
신다. 술 자체가 보신과는 거리가 있지만 나름대로 절제의 묘
를 살리기 위한 건강 유지의 비결인 셈이다. 쌀로 빚은 발효주
인데다가 도수도 약한 막걸리는 다른 술에 비해 상대적으로
몸을 덜 상하게 한다. 잘만 먹으면 영양식일 수도 있다. 그보

다도 취기를 조절함으로써 작은 실수라도 허용치 않으려는 고육지책의 일단이다.

그의 시 작업에서 막걸리가 필요조건에 속한다면 따뜻한 인간관계와 결곡한 사유는 충분조건의 총화다. 술은 그에게 시를 부추기는 촉진제로 기능한다. 그렇다고 그의 시가 음풍농월의 부산물은 결코 아니다. 막걸리로 목을 축이며 동료 시인들과 시 합평을 즐기는 그의 주중 시론을 지켜보면 진지하다 못해 사뭇 비장한 결기마저 감돈다. 그의 시는 감성적 윤활유로써의 술과 치열한 장인 정신의 끈끈한 합작인 것이다

아래의 시「감자 짜글이」는 아버지를 선산에 묻고 거푸 술잔을 기울이는 정황이 그 배경이다. "퉁퉁 부은 두 눈이 말해주었다"는 구절이 암유하듯 망자에 대한 설움과 회한, 살아남은 자의 의무감 등이 뒤엉킨 종잡을 수 없는 슬픔이 주조를 이룬다.

추억은 사라지는 것들에 대한 확인

꽃이 피었다 지는 건 순간일 뿐이라고

퉁퉁 부은 두 눈이 말해주었다

저기쯤이 내 자리여

흐트러진 눈으로 선산 더듬으며 제 갈 곳 확인하던

건넛마을 오 씨 아재

떠난 이들이 모이는 선산에

아버지를 묻고

늦은 점심을 때우러 들린 시골 밥집에서

비계와 감자가 어우러진

고추장찌개를 만났다

울타리에 걸쳐 있던 애호박은 덤이다

나 이거 엄청 좋아하는데 마누라가 해주지를 않아

먼 길 가는 이들이 서둘러 자리를 뜨고

여보, 한 병만 더 하믄 안 될까

안 될까, 짜글이는

짜글짜글 끓어오르고

— 「감자 짜글이」 전문

장사를 마치고 난 뒷자리에서 "저기쯤이 내 자리여/ 흐트러진 눈으로 선산 더듬으며 제 갈 곳 확인하던/ 건넛마을 오 씨 아재"는 실은 화자의 심경을 대변하기 위해 동원된 은유적 장치다. 아버지와 함께 묻히지 못하는, 그러나 언젠가는 그 곁에 묻힐 예약된 처소에서, 다만 얼마의 시간이 연장될 뿐인 자식의 감회는 남다를 수밖에 없다.

화자는 "늦은 점심을 때우러 들린 시골 밥집에서/ 비계와 감자가 어우러진/ 고추장찌개"를 안주 삼아 술을 마신다. "먼 길 가는 이들이 서둘러 자리를 뜨고" 결국 화자 곁에는 달랑 아내만 남는다. 마지막 슬픔은 부부의 몫인 것이다. 그 순간, 화자는 "여보, 한 병만 더 하믄 안 될까/ 안 될까" 하고 어리광 부리듯 슬픔을 술에 적셔 곱씹는다. 애별리고愛別離苦의 슬픔을 표현하는 데 이보다 더 은근하면서도 절절한 시구가 또 있을까.

위의 시 「감자 짜글이」에서 술을 권하는 동인이 슬픔이라면 아래의 시 「빈집에서의 하룻밤」에서는 그리움에 따른 외로움이 술을 권하는 동인이다. 위의 시가 영구 이별의 절망을 다룬 것이라면 아래의 시는 새삼 일상의 정의情義를 반추하는 공동체적 자각/결속이 배경이다.

밥솥 코드가 빠져 있다
국이 남아 있을 리 없지
장마철엔 마음보다 먼저 음식이 상하죠
먼 산 바라보다 오늘은 나만을 위해 음식을 만들기로 해

내가 무엇을 좋아하지?
아내의 출장은 내일까지네
간단하게 김치전에 막걸리?

애들은 잘 지내고 있나

삼겹살 좀 끊어올까?

아니야, 집에 냄새가 배면 곤란해

냉동실을 뒤적이다 찾아낸 청국장 한 덩이

철도 없이

철 하나도 없이

밥상에 기름 냄새도 좀 풍겨야 하는 거 아뉴?

이제 와 그 말 취소하기엔 너무도

늦어버렸지만

코인 육수 한 알에 김치 송송

보글보글 끓어오르면 애호박 청양초 두부 반 모

꿉꿉하게 피어오르는 그 내음에

하릴없이

빗물은 하릴도 없이

눈물로 뚝뚝, 떨어져 내렸다

─「빈집에서의 하룻밤」 전문

    화자는 "밥솥 코드가 빠져 있"고 "국이 남아 있"지 않은 빈집의 쓸쓸한 분위기로 시의 문을 연다. 아내는 출장 중이고 아이들은 객지에 있어서 화자 홀로 빈집을 지킨다. 가족이라는 공동체가 집의 주인이고 자신은 그 일원일 뿐이기에 엄연히 자신이 안방을 지키는데도 다른 가족들이 외출 중인 집은 빈집이다. "간단하게 김치전에 막걸리?"로 시작한 혼술은 "코인 육수 한 알에 김치 송송/ 보글보글 끓어오르면 애호박 청양초 두부 반 모/ 꿈꿈하게 피어오르"며 "그 내음"이 부추기는 일배일배 부일배一杯 一杯 復一杯로 발전한다. 그런데 혼자서 먹기가 허전해서일까. 혼자서 먹어야 한다는 사실이 안타까워서일까. 자신도 모르게 눈물이 빗물처럼 "하릴도 없이" 흘러내린다.

물론 술이 깨고, 빈집에서의 하룻밤이 지나고 나면 아내와 자식들은 어김없이 내일의 태양과 함께 돌아오고 빈집은 다시 따스한 집으로 환원될 것이다. 따라서 앞의 시「감자 짜글이」의 슬픔에 비하면 이 시의 배경은 지극히 통상적이고 행복한 그리움이다. 그런데도 왜 화자는 "하릴도 없이" 눈물을 흘리는 것일까? 본래 혼자일 수밖에 없는 인간의 원천적 불안과 고독만으로는 설명될 수 없는 그 무엇이 그에게 술을 권하며 시 쓰기를 부추기는 것일까? 그 미지의 심연에 깔린 시와 눈물의 함수관계를 헤아려야만 화자의 시에 보다 가깝게 다가갈 수 있을 것이다.

4

언어는 입이나 손을 통해 비로소 제 역할을 하며 일련의 모습을 갖춘다. 음성언어는 발성기관인 입에 의해, 문자언어는 필기구인 손에 의해 마침내 제 임무를 완수하게 된다. 입과 손은 몸을 대표해 언어의 탄생을 마무리하는데 이때 몸 전체가 감각의 언어화에 돌입한다. 감성은 감각을 빌려야만 구체적으로 언어화될 수 있다. 몸은 오감, 즉 감각적 표현을 통해 언어의 구체적 형상을 드러낸다. 그러나 감각은 제 역할을 마침과 동시에 이미지나 상징, 은유의 품으로 숨는다. 그리고 감성·사유·의지·정신이 시의 주인 행세를 한다. 여기에서 감각은 몸과 동의어이다.

음식을 주제로 한 시는 오감 중에서도 미각과 후각이 주류를 이룬다. 여기에 "보기 좋은 떡이 먹기도 좋다"는 속담처럼 시각도 큰 몫을 한다. 찌개가 보글보글 끓는 소리가 식욕을 자극하듯 청각 역시 군침을 삼키게 한다. 뿐만 아니라 음식은 촉감의 언어에 의해 뜨거운 국물이 '시원한' 청량제로 표현되기도 한다.

이태관의 음식 관련 시는 오감이 총출동한 역사役事다. 이번 시집은 감각의 언어, 즉 몸의 언어가 감성과 사유를 아우르는 형세를 취한다. 음식이라는 노에마를 오감의 노에시스를 통해 현상학적으로 재창조하고 있다. 참고로 그는 요리에 일

가건이 있다. 그리고 사랑하는 아내와 두 딸을 위한 만찬을 빚을 때 한결 그 솜씨가 빛난다. 그 바탕에는 어머니를 통해 숙지하게 된 맛의 원형질이 숨 쉬고 있다. 예컨대, 음식을 빌려 가족의 의미와 가치를 새삼 부각시키려는 그의 심모원려는 한 편의 신실한 사회 윤리적 텍스트를 제시하기에 이른다.

여기 맛집이네

오랜만에 내려온 딸들에게
닭볶음탕을 내놓는다

우유에 재우고 끓는 물에 데쳐 늑간 사이 뭉친 핏물을 제거하고 소주 부어 잡내를 잡는다

…(중략)…

살아온 날들에서 멀어질수록
추억이라는 이름에 친숙해지는 건
그리움이 무언가 알게 되었다는 것

음식점 차려도 되겠어

집밥이란

추억을 먹는 것

지나온 한 생을

오롯이 기억하는 것

― 「닭볶음탕」 부분

　가족이 한데 모여 닭볶음탕을 먹는다. 이를테면 "집밥"이다. 그동안 수시로 익힌 요리 솜씨를 발휘해 가족의 입맛을 돋운 화자는 "오랜만에 내려온 딸들에게/ 닭볶음탕을 내놓"으며 "여기 맛집이네"라는 자화자찬을 곁들인다(딸들의 찬사일 수도 있는). "우유에 재우고 끓는 물에 데쳐 늑간 사이 뭉친 핏물을 제거하고 소주 부어 잡내를 잡는" 요리 과정을 보면 예사솜씨가 아니다. 요리법의 일환이지만 "소주 부어 잡내를 잡는" 비법은 마치 소주가 잡념을 제거하는 구실을 한다는 주당들의 '음주의 변辯'을 연상케 한다.

　집밥은 현재적이다. 때로 외식을 한다 해도 그 다음 식사는 집에서 하게 마련이고, 그것은 일상적 현재의 관습적 연장이기 때문이다. 그런데도 화자는 집밥을 "추억을 먹는 것"이라고 한다. 집밥은 "살아온 날들에서 멀어질수록/ 추억이라는 이름에 친숙해지"며 가장 가까운 처소인 가정에 대한 "그리움이 무언가 알" 수 있게 해주기 때문이다. "음식점 차려도 되겠"다는 아내의 핀잔 같은 칭찬에도 "집밥"은 "지나온 한 생을/

오롯이 기억하"게 각성제 역할을 한다는 속 깊은 경험철학으로 응수한다. 화자에게 집밥은 가족/가정의 환유인 것이다.

다음 시 「호박풀떼」에도 아내가 등장한다. 동반자라는 상투적 표현만으로는 성에 차지 않는 인연, 그러나 동반자 말고는 적절한 어휘가 떠오르지 않는 존재를 아내라고 부른다. 그러기에 아내로서의 동반자는 오래된 포도주 향미처럼 시간의 때가 낄수록 그 자태와 위의가 은은히 빛나는 마술적 존재다.

낡아가는 것과 삭아가는 것
천년의 사랑도 순간에 지나네
해가 짧아질수록 네게 가는 길이 마냥
섭섭하지는 않겠다

…(중략)…

담장에 기대 천천히 낡아가다가
눈 내리는 오후가 멈칫, 힘에 겨울 때
몸을 풀어 천천히 삭아가는 맛

아내는 아직 그 경지에
도달하지 못했다

―「호박풀 떼」 부분

"낡아가는 것과 삭아가는 것"이 꼭 부정적인 것만은 아니다. 인간으로 치면 늙어가는 것을 뜻하며, 변화무쌍한 시공간의 흐름과 맥을 같이 한다. 따라서 낡아가는 것은 경험과 그에 따른 사유가 깊어지는 것을 의미한다. 여기에서 사유는 지혜와 동의어이기도 하다. 화자는 변화의 늪에서 그 변화를 역이용해 본연의 미학을 완성하는 실사구시적 리얼리즘에 주목한다. 예컨대 "천년의 사랑도 순간에 지나네"라는 구절을 통해 무상한 시간의 함정 속에서 오히려 숙련된 연륜에 내포된 고색고향古色古香의 미학적 본질을 상기시킨다. 이는 오래될수록 진가가 드러나는 인간관계의 진면목을 돋보이기 위한 역설적 전제에 해당한다. 그러기에 이 시는 결말부에서 "담장에 기대 천천히 낡아가다가/ 눈 내리는 오후가 멈칫, 힘에 겨울 때/ 몸을 풀어 천천히 삭아가는 맛"의 진수를 음미하는 은밀한 반전을 선물한다.

그 와중에 화자는 "아내는 아직 그 경지에/ 도달하지 못했다"는 특유의 능청을 부린다. 마치 반어법적 역설이 시인의 특권인 것처럼. 사실 여기에는 그런 시인의 시를 꾸준히 지켜보는 첫 독자인 아내를 향한 무한신뢰와 애정이 깃들이 있다. 화자에게 아내는 단순한 가족이 아니라 인간적, 사회적, 예술적 지향점이 도달해야 할 지고지순한 가치의 총화다. 또 궁극의 진실을 추구하는 시적 메타포이기도 하다. 음식이 몸을 상징한다면 아내는 마음을 상징하는 실존적 존재이자 본질적 구심력을 담보하는 존재자인 것이다.

이태관은 공고를 나와 대학에서 국문학을 전공한 이채로운 이력을 지니고 있다. 여기에서, 과학/기술과 문학의 접목이 자연스럽게 이루어진 배경은 무엇일까. 실용주의에서 이상주의로, 구상에서 추상으로의 방향 전환이 의미하는 좌표는 무엇일까. 어떻든 그는 대학 때부터 시를 쓰기 시작하고, 일찍 등단을 하고, 네 권의 시집을 펴내는 동안 자의 반 타의 반으로 시인이라는 직함(보통명사)이 그를 상징하는 고유명사가 되어 왔다.

이태관은 실제에 밝다. 사소한 일상의 일처리에도 능숙하다. 때로 고난도의 기술을 전문가 못지않게 발휘한다. 이를테면 과학적 자질이 생리적으로 몸에 배어 있다. 그러나 그는 실리와는 거리가 먼 행보를 이어왔다. 그 달관에 가까운 은자적隱者的 현실 인식의 중심에는 시가 구심력이자 버팀목으로 자리 잡고 있다. 그러면서도 성실하고 가정적인 그의 일면은 시보다도 이웃을 우선시하는 지극히 인간적인 속성을 상기시켜 준다. 다시 말해 이태관은 지고의 시를 추구하지만 지극히 인간적인 지순의 시인이다.

한때 건축기사였던 이상의 시에서 그 전공과의 상관성을 유추하는 것은 어렵지 않다. 그러나 이태관의 시에서 이과적理科的 특성을 찾아내기는 쉽지 않다. 원래 밖으로 드러내기를 싫어하는 그의 유난한 결벽에 따라 내밀하게 그 정체를 감추고 있기 때문이다. 그럼에도 그의 치밀한 과학적 기질은 자칫 이완되기 쉬운 시의 완성도와 바탕을 탄탄히 하는 숨은 저력으로 작용한다.

관촉사 은진미륵은 논산의 터줏대감이자 랜드마크이면서 저잣거리 행인의 불심을 불러일으키는 청정한 기운을 담고 있다. 그런데 논산에는 또 하나의 숨은 상징이 있다. 은진미륵처럼 언제나 그 자리를 지키고 있는 이태관 시인이다. 그는 오늘도 논산의 전통적 애환이 깃든 구시가지 골목 어귀를 세 내어, 막걸리 안주 삼아 시를 술로 마시고 있다. 분명한 것은 내일도 여전히 그럴 것이라는 진리다. 이는 그가 추구해온 '차이와 통합'의 시학을 실현하는 동중정의 현장이기도 하다. 다시 말해 천연의 유목성을 잠재우고 정착의 기틀을 다지는 구심력의 모태다. 그 저변에는 가족 그리고 일명 '황태 형'으로 통하는 막역지우가 있다. 그러나 여기에서 그가 안주安住보다 변화를 시 창작의 모티브로 한다는 사실을 기억할 필요가 있다. 그는 변화무쌍한 내면의 치열을 가다듬어 시를 쓰고, 그 행간에 외유내강의 평상심을 유지하는 비결을 은밀하게 담아내고 있다.

| 이태관 |

1964년 대전 출생. 1990년『대전일보』신춘문예에 당선되었고, 1994
년『문학사상』으로 등단했다. 시집으로『저리도 붉은 기억』『사이에
서 서성이다』『나라는 타자』『숲에 세 들어 살다』가 있다.

이메일 : poemtg@hanmail.net

현대시 기획선 93
어둠 속에서 라면을 끓이는 법

초판 1쇄 발행 · 2023년 10월 20일
초판 2쇄 발행 · 2024년 1월 5일
지은이 · 이태관
펴낸이 · 이선희
펴낸곳 · 한국문연
서울 서대문구 증가로 31길 39, 202호
출판등록 1988년 3월 3일 제3-188호
대표전화 302-2717 ┃ 팩스 · 6442-6053
디지털 현대시 www.koreapoem.co.kr
이메일 koreapoem@hanmail.net

ⓒ 이태관 2023
ISBN 978-89-6104-343-4 03810

충청남도　충남문화관광재단
본 도서는 충청남도, 충남문화관광재단의 후원으로 발간되었습니다.

값 12,000원

＊ 잘못된 책은 바꾸어 드립니다.